Det kungliga året 1996

En fanfar för kung Carl XVI Gustaf femtio år!

A fanfare for King Carl XVI on his 50th birthday!

BOBBY ANDSTRÖM
Foto
ERHAN GÜNER

Det kungliga året 1996

NATUR OCH KULTUR

Pappa Carl Gustaf fick fylla lungorna för att blåsa ut födelsedagstårtans femtio ljus!
Daddy Carl Gustaf had to inhale deeply to blow out the fifty candles on the birthday cake!

DET KUNGLIGA ÅRET 1996

SÄLLAN OM ENS någonsin har det svenska kungahuset fått en sådan otrolig uppmärksamhet som våren 1996. Anledningen var kung Carl Gustafs femtioårsdag som översvallande och hjärtligt firades i slutet av april. Man får gå tillbaka till bröllopsdagarna 1976 då kungen gifte sig med Silvia Sommerlath för att komma i närheten av den kärlek och omtanke som strömmade mot Sveriges kung under födelsedagsfirandet.

Uppvaktningarna har bestått av både folkliga och mer storartade inslag för att hylla årets femtioåring och presenter har överlämnats i mängder.

Det första stora evenemanget i födelsedagsfirandet var den allmänna uppvaktningen som ägde rum i Globen i Stockholm lördagen den 27 april, under en välregisserad show med många glada och uppsluppna inslag. Det var Stockholms stad och landets övriga kommuner som tog initiativet till att hylla kungen på detta sätt.

På plats var statsminister Göran Persson i spetsen för riksdag och regering, diplomatiska kåren, länsstyrelsen och landstinget. Dessutom presenterades en rad personer som liksom kungen fyllde femtio år den 30 april. Sällan har man sett kungen och hans familj skratta så hjärtligt som vid detta tillfälle.

Det började med en ståtlig sångarhyllning av kören Orphei Drängar och fortsatte med en kavalkad av kända artister som Tomas Ledin, komikern Robert Gustafsson, Ainbusk Singers, Sven-Ingvars, Just D, Lisa Nilsson, Magnus Uggla, Louise Hoffsten, slagverksgruppen Kroumata och irländska Enya. Kvällen toppades av kungens egen favoritartist, världsstjärnan Stevie Wonder, som i hemlighet hade flugits från Los Angeles till Stockholm. När han sjöng sin succélåt "Happy Birthday" för festföremålet stämde hela auditoriet in i sången.

Vid kvällens final ledde kronprinsessan Victoria hyllningskören och utbringade ett fyrfaldigt leve för pappa Carl Gustaf, som själv applåderade av hjärtans lust. Det blev en oförglömlig kväll, både för alla närvarande och för alla dem som satt hemma vid TV-apparaterna.

Kultur av ett annat slag bjöd riksdag och regering på med en föreställning av Straussoperetten Läderlappen på Kungliga Teatern. Samlingen av kungligheter och honoratiores var stor och hedersgästen med familj kunde beskådas i den kungliga logen. Danmarks drottning Margrethe med make prins Henrik, Norges kung Harald och drottning Sonja satt på hedersplatser tillsammans med Belgiens kung Albert och drottning Paola liksom Englands prins Philip – några namn i den långa gästlistan. Kvällens värdar var statsminister Göran Persson och talman Birgitta Dahl som var placerade invid en representativ skara från näringslivet, Nobelstiftelsen och Svenska Akademien.

För kung Carl Gustaf var Globengalan och Operaföreställningen bara början på ett födelsedagsfirande utan like. Redan vid midnatt före födelsedagen började festligheterna och dagen fortsatte med personliga gratulationer, hovstatens hyllning samt officiella uppvaktningar av företrädare för riksdag, regering och kungliga akademier bland många andra. Ansvariga för insamlingarna till de kungliga fonderna, som arbetar för och stöder svensk ungdom, överlämnade många miljoner kronor.

På slaget tolv sköts salut från batterierna på Skeppsholmen och på kustkorvetterna Gävle och Sundsvall utbringade besättningarna leve för kungen. Därefter hyllade flyget den kungliga jubilaren med överflygning. Efter försvarets födelsedagsgåva, som överlämnades av överbefälhavaren general Owe Wictorin, åkte kungafamiljen i kortege till Vasamuseet på Djurgården för en lunch med släkt, vänner och utländska gäster. Kortege-

Tack, Stevie för god show, sa kungen i Globen.

"Thanks for a wonderful show, Stevie", said the King in the Globe arena.

vägen kantades av många glada stockholmare och tillresta som hyllade med vinkningar, och dessa besvarades glatt av dagens födelsedagsbarn.

Efter lunchen gavs en specialföreställning på Dramaten för kungen och gästerna med kronprinsessan Victoria i rollen som Lyckan. Brodern prins Carl Philip hade tilldelats rollen som Rövar-Karl och prinsessan Madeleine gestaltade Hoppet. Kungabarnen hade dessutom förstärkning av danska prins Frederik och norska prinsessan Märtha-Louise. Stöttade på scenen gjorde Dramatenstorheter som Jan-Olof Strandberg, Anita Björk, Lena Endre, Börje Ahlstedt, Jarl Kulle och Margaretha Krook. Att kungabarnen skulle medverka blev en total överraskning för deras far, som såg förvånad men oerhört stolt ut.

Mot sena eftermiddagen fick kung Carl Gustaf mottaga en mycket entusiastisk medborgarhyllning på den rikt blomstersmyckade Lejonbacken. Inte mindre än två hundra tusen skänkta blommor hade placerats ut för att markera födelsedagen. Tusentals rojalister hade mött upp för att med eftertryck hylla femtioåringen.

Till kvällens stora galamiddag i Rikssalen och angränsande salar på Stockholms slott hade över sex hundra gäster inbjudits, vilka fick uppleva det största festarrangemang som hållits på slottet i modern tid. Till de redan närvarande kungligheterna anslöt sig nu bland andra Spaniens drottning Sophia, prins Felipe, prinsessan Elena och hennes make Jaime de Marichalar, liksom drottning Beatrix av Holland med make prins Claus. Vid honnörsbordet satt Carl Gustafs systrar prinsessorna Margaretha, Birgitta, Désirée och Christina. Monaco representerades av prinsessan Caroline och brodern prins Albert. Finlands president Martti Ahtisaari och Islands president Vigdis Finnbogadóttir fanns på plats, liksom Mainaus greve Lennart Bernadotte med sin grevinna Sonja. Däremot kom prinsessan Lilian utan prins Bertil, som på grund av trötthet föredrog att stanna hemma från allt ståhej.

Drottning Silvia var strålande denna galakväll, placerad mellan storhertig Jean av Luxemburg och kung Albert av Belgien. Som en överraskning för sin make höll drottningen ett kort tal, fyllt av värme och kärlek, följt av följande dikt som lästes på engelska:

Räkna din trädgård i blommors mått,
aldrig i löven som falla.
Räkna dagar i gyllene timmar blott,
och molnen glöm dem alla.
Räkna nätter i stjärnor, ej skuggor,
livet i leenden, inte i sorger du får.
Och varje år du fyller
räkna din ålder i vänner, ej i år.

När de prominenta gästerna avnjutit vårsallad med sparris och kronärtskockor, jätteräkor i gräslökssås med löjrom som förrätt, färserad vaktel och timjanskryddad bakelse av aubergine, zucchini, tomat, lök och potatis som varmrätt och till efterrätt en jubileumsglob av passionsfrukt-, hallon- och melonparfait samt hasselnötskrona med åkerbär- och hjortronsorbet var det dags för dans. Kung Carl Gustaf bjöd upp sin bordsdam kusin Margrethe, för kvällen helt magnifik och drottninglik, och det blev signalen till ett glatt hovliv som varade natten lång. En kväll att minnas – lika gnistrande och sprakande som det fyrverkeri som brändes av under kvällen till festdeltagarnas och allmänhetens stora förnöjelse.

Även om kungens femtioårsdag har dominerat det kungliga året har det varit en rad evenemang av mera traditionellt slag som fått stor uppmärksamhet. Det gäller till exempel nobelfestligheterna, då kronprinsessan Victoria med bravur debuterade i detta sammanhang.

Firandet av nationaldagen, mötet med Pakistans premiärminister Benazir Bhutto, statsbesöken av Litauens president Algirdas Brazaukas och Estlands president Lennart Meri omgavs med sedvanlig pompa.

Invigningen av Silviahemmet nära Drottningholms slott betyder helt säkert mycket för forskningen kring demenssjukdomarna. Drottning Silvia har med stor entuiasm verkat för att stödja och främja vård och insatser för denna grupp av svårt sjuka och handikappade genom den nya anläggningen.

Resan till Malaysia och statsbesöket där den 12–15 mars blev också en stor händelse med åtföljande publicitet i svensk och internationell press. Resan gick via Singapore till Kuala Lumpur. Efter sedvanliga ankomstceremonier och statsbesöksarrangemang kom det av kungaparet och prins Carl Philip efterlängtade besöket i en ångande regnskog.

I Danum Valley på norra Borneo räknar man tvåhundrasjuttiofem olika fågelarter, hundra arter fjärilar och hundra sorters ormar. Med sitt besök i denna spännande miljö ville kungen, drottningen och prinsen markera hur viktigt de anser det vara att man försöker rädda det djurliv och den flora som fortfarande finns i världens äldsta regnskogsområde.

– Detta är en av höjdpunkterna i mitt vildmarksliv, sade kung Carl Gustaf entusiastiskt när han spanade efter regnskogens attraktioner. Men jag hade aldrig kunnat drömma om att det skulle vara så varmt och fuktigt.

Årets mest omskrivna student blev naturligtvis kronprinsessan Victoria, som sprang ut från Enskilda gymnasiet den 5 juni. Festligheter följde på Ulriksdals slott några dagar senare tillsammans med kamrater, familj och släktingar.

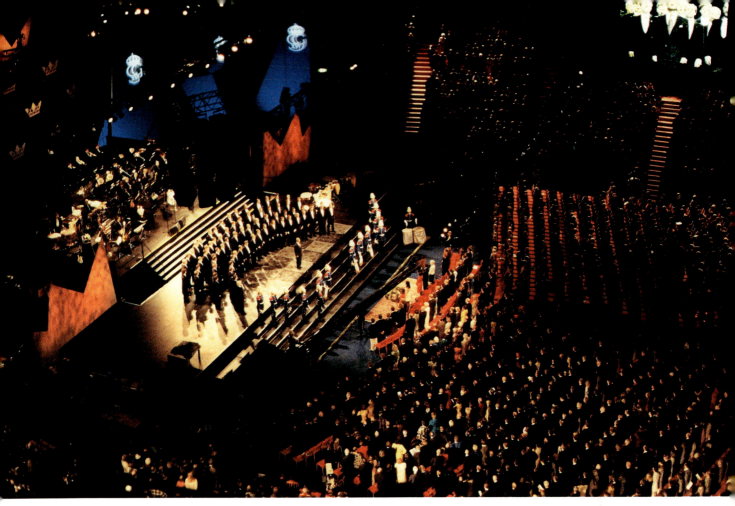

Musikgalan "Svenska folket hyllar Kungen" i Globen i Stockholm blev en hejdundrande glad kväll för kung Carl Gustaf. I finalen utbringade kronprinsessan Victoria, i kretsen av Orphei Drängar, ett fyrfaldigt leve för sin pappa.

The musical gala "The People of Sweden Pay Tribute to the King" staged in the Stockholm Globe arena was a tremendously happy occasion for King Carl Gustaf. During the finalè Crown Princess Victoria, accompanied by the Orphei Drängar Choir, proposed three good cheers and one more cheer for her father.

THE ROYAL YEAR 1996

SELDOM, IF EVER, has the Swedish royal family received such massive publicity as it did in the spring of 1966. The reason for this was King Carl Gustaf's 50th birthday, celebrated in such exuberant good spirits at the end of April. Not since the days of the wedding in 1976, when the King married Silvia Sommerlath, is it possible to match the amount of love and affection showered on the King during the birthday celebrations.

Some of the tributes to the King on his 50th birthday were of the popular kind while others were on a grander scale, and he received a great number of presents.

The first major event was the public tribute in Stockholm Globe arena on Saturday 27 April, which was a well-orchestrated programme of light entertainment. The initiative for this event in tribute to the King was taken by the City of Stockholm and a number of provincial cities.

Prime Minister Göran Persson was present with members of Parliament and Cabinet ministers, representatives of the diplomatc corps, provincial government and county councils. A number of other people, who like the King were to celebrate their birthdays on 30 April, had also been invited. The King and his family had rarely laughed so much as on this occasion.

The show began with an imposing choral tribute by The Orphei Drängar Choir and continued with a cavalcade of numbers by well-known entertainers including Tomas Ledin, the comedian Robert Gustafsson, The Ainbusk Singers, Sven-Ingvars, Just D, Lisa Nilsson, Magnus Uggla, Louise Hoffsten, The Kroumata Percussion Band and Enya from Ireland. The highlight of the evening was an appearance by the King's own favourite artiste Stevie Wonder, who, unknown to him, had flown in from Los Angeles. When the world-famous star sang his hit song "Happy Birthday" the entire audience joined in.

At the end of the show Crown Princess Victoria led the choral tribute and called for Three Cheers for her father King Carl Gustaf, who joined in the applause with gusto. It was an unforgettable night, both for all those present as well as television viewers at home.

Parliament and Cabinet arranged a cultural event of a different kind with a performance of the Strauss operette The Bat (Die Fledermaus) at the Royal Opera. There was a large gathering of royalty and notabilities and the guest of honour and his family were to be seen in the royal box. Margrethe, Queen of Denmark, and her husband Prince Henrik, Norway's King Harald and Queen Sonja sat in seats of honour together with Belgium's King Albert and Queen Paola and Prince Philip of England. The co-hosts were Prime Minister Göran Persson and Speaker Birgitta Dahl, who were seated with representatives of trade and industry, the Nobel Foundation and the Swedish Academy.

For King Carl Gustaf the Globe gala and the operatic performance were but the beginning of what was to be an unparalleled birthday celebration. It started at midnight on the eve of the King's birthday and continued throughout the day with personal congratulations, a tribute by the members of the Royal Household and official visits by representatives of Parliament, the Government, royal academies and many others. People administering the royal charitable funds in aid of Swedish youth presented cheques for several million Crowns.

On the stroke of twelve there was a gun salute on the island of Skeppsholmen opposite Stockholm Palace, while aboard coast defence vessels "Gävle" and "Sundsvall" the crews raised a cheer for the King. This was followed by a fly-past by Swedish Air Force planes in tribute to the King. After the presentation of the birthday present from the armed forces by Supreme Commander, General Owe Victorin, the royal family went in procession to the Vasa Museum on Djurgården for lunch with their family, friends and foreign guests. The route was flanked by many cheering Stockholmers and visitors from the provinces, whose waves and calls were cheerfully acknowledged by the King.

After lunch there was a special performance for the King and his guests at the Royal Dramatic Theatre with Crown Princess Victoria in the role of Fortune. Her brother Prince Carl Philip played the part of Robber Carl, while Princess Madeleine portrayed Hope. The royal children were cheerfully aided and abetted by Prince Frederik of Denmark and Princess Märtha-Louise of Norway. Support of a more professional kind was lent by actors like Jan-Olof Strandberg, Anita Björk, Lena Endre, Börje Ahlstedt, Jarl Kulle and Magaretha Krook. The participation of the royal children came as a complete surprise to the King, who looked astonished but tremendously proud.

In the late afternoon the King received a rousing popular tribute in a sea of flowers at Lejonbacken. No

De officiella hyllningarna på födelsedagen ville aldrig ta slut. Här är det regering och riksdag med statsminister Göran Persson och förste vice talmannen Anders Björck som överlämnar ett härligt porträtt av kungen, signerat Leif Zetterling, och en stor servis som räcker till ett par hundra kuvert. Självklart ville prins Bertil också vara med i hyllningskören tillsammans med prinsessan Lilian. De överlämnade åtta karaffer ur Karl XIII:s unika glasservis.

There was practically no end to the round of official congratulations. Here we see members of Government and Parliament led by Prime Minister Göran Persson and First Deputy-Speaker Anders Björck presenting a portrait of the King and a china service sufficient for a couple of hundred covers. Naturally Prince Bertil wished to be among the congratulators with his wife Princess Lilian. They made a present of eight decanters from the King Karl XIII glass service.

fewer than two hundred thousand flowers had been donated and arranged to commemorate the birthday, and thousands of monarchists had gathered to voice their support for the King.

More than six hundred guests were invited to the evening's grand gala banquet in the Throne Room and adjoining reception rooms, and they participated in one of the grandest festive occasions at Stockholm Palace in modern times. The royal guests already present were joined by among others Spain's Queen Sophia, Prince Felipe, Princess Elena and her husband Jaime de Marichalar, as well as Queen Beatrix of Holland and her husband Prince Claus. King Carl Gustaf's sisters, the princesses Margaretha, Birgitta, Désirée and Christina sat at the table of honour. Monaco was represented by Princess Caroline and her brother Prince Albert. Finnish President Martii Ahtisaari and Iceland's President Vigdis Finnbogadottir were present, as also Count Lennart Bernadotte and Countess Sonja of Mainau. But Princess Lilian came alone, her husband Prince Bertil having declined to take part in the festivities on account of feebleness.

Queen Silvia was radiant on this gala occasion and sat between Grand Duke Jean of Luxemburg and King Albert of Belgium. The Queen surprised her husband by making a short speech fraught with warmth and love, and ended with the following verse in English:

Count the garden by the flowers
never by the leaves that fall.
Count the days by golden hours
don't remember clouds at all.
Count your nights by stars, not shadows.
Count your life with smiles, not tears.
And with joy on every birthday
Count your age by friends, not years.

The prominent guests retired for dancing after enjoying a menu comprising a first course of spring salad with asparagus and artichokes, jumbo prawns in chive sauce and carp roe, stuffed quail and thyme-seasoned pastry filled with aubergine, zucchini, tomato, onion and potato, and ending with a dessert of jubilee parfait flavoured with passion fruit, raspberries and melon, and a hazelnut confection of arctic raspberries and cloudberry sherbet. King Carl Gustaf danced with his table partner and cousin Margrethe, looking splendidly regal for the evening, and this signalled the start of a happy court occasion which lasted throughout the night. A night to remember, and quite as illustrious and scintillating as the fireworks display staged later in the night to the delight of party guests and general public alike.

Riksdagen och regeringen bjöd på en lyckad föreställning av Läderlappen på Stockholmsoperan. I foajén mötte talman Birgitta Dahl och statsminister Göran Persson jubilaren och hans maka, drottning Silvia. I den kungliga logen sågs hela den kungliga familjen tillsammans med prinsessan Lilian.

Parliament and Government invited the King and guests to a performance of The Bat (Die Fledermaus) at the Royal Opera. Speaker Birgitta Dahl and Prime Minister Göran Persson received the King and his wife Queen Silvia in the foyer. The royal couple, with their children and Princess Lilian, sat in the royal box.

Although the royal year was dominated by the King's 50th birthday celebrations, much attention was also paid to a number of more traditional events. These include the festivities surrounding this year's Nobel Prize awards, at which Crown Princess Victoria made her highly successful debut.

The National Day celebrations, the meeting with Prime Minister Benazir Bhutto of Pakistan, the state visits paid by Lithuania's President Algirdas Brazaukus and Estonia's President Lennart Meri were carried out with customary pomp.

The inauguration of the Silvia Nursing Home close to Drottningholm Palace will without doubt be of great importance to research into the problem of dementia-related illnesses. Queen Silvia has worked with great enthusiasm to support and promote the treatment and care of this group of gravely ill and handicapped people in the new nursing facility.

The journey to Malaysia and the state visit there 12–15 March was also a major event which was noted in the Swedish and international press. The journey went to Kuala Lumpur via Singapore. Following the customary greeting ceremonies and other events connected with the state visit it was time for the royal couple and Prince Carl Philip to make the visit to a steamy rain forest they had looked forward to so eagerly.

In Danum Valley in northern Borneo there are said to be 275 bird species, a hundred species of butterflies and as many species of snakes. By visiting this exciting environment the royal visitors wished to stress the importance of trying to preserve the wildlife and plants still to be found in the world's oldest rain forest region.

"This is one of the highlights of my outdoor life", exclaimed King Carl Gustaf enthusiastically as he studied the wonders of the rain forest, and added "But I could never have dreamt that it would be so hot and humid."

This year's most publicized graduate was of course Crown Princess Victoria, who skipped out of Enskilda High School 5 June. A few days later there was a party at Ulriksdal Palace for her schoolfellows, family and relatives.

Det var ett vimmel av kungligheter och honoratiores på Kungliga teatern när man gav Läderlappen. På första raden satt kungens fyra systrar Margaretha, Birgitta, Désirée och Christina. Bakom dem äkta männen prins Johann-Georg, greve Niclas Silfverschiöld och generalkonsul Tord Magnuson.

Tv: Belgiens kung Albert II och drottning Paola tillsammans med Spaniens drottning Sophia, som kom utan sin make kung Juan Carlos som fått förhinder.

Th: Drottning Silvias familj representerades av bl a bröderna (från vänster) Walther, Jörg och Ralf Sommerlath med sina hustrur Simone (gift med Jörg), Ingrid (gift med Walther) och Charlotte (gift med Ralf). Självskrivna gäster från Oslo var kung Harald V och drottning Sonja. Systrarna Victoria och Madeleine fick stor uppmärksamhet i galavimlet.

The Royal Opera abounded with royalty and prominent persons for the performance of The Bat. The King's four sisters, Margaretha, Birgitta, Désirée and Christina, sat in the dress circle. Behind them are their husbands Prince Johann-Georg, Count Niclas Silfverschiöld and Consul-General Tord Magnuson.

Left: King Albert II of Belgium and Queen Paola chatted with Queen Sophia of Spain, on this occasion not accompanied by her husband King Juan Carlos who was otherwise engaged.

Right: Queen Silvia's family was represented by among others the brothers Walther, Jörg and Ralf Sommerlath with their wives Simone (married to Jörg), Ingrid (married to Walther) and Charlotte (married to Ralf). Guests whom there was simply no need to invite included King Harald V and Queen Sonja from Oslo. Victoria and her sister Madeleine attracted a lot of attention in the throng of the gala.

Den militära uppvaktningen på Logården och Skeppsbron blev ett verkligt kraftprov för kung Carl Gustaf. Outtröttligt gjorde han honnör när det sköts salut, flyget hyllade i skyn och fanvakter ur 130 olika militära enheter tågade förbi. Stämningen var glad och hjärtlig, precis som när den kungliga familjen tre kvart senare rullade iväg i

The military tribute at Logården and Skeppsbron was a veritable test of strength for King Carl Gustaf, who saluted tirelessly when a gun salute was fired, when units of the Swedish Royal Air Force flew over, or when flag bearers from 130 military units marched past. The atmosphere was relaxed and cordial, just as it was forty-five minutes later when the royal family left via the Outer Courtyard of the palace in a horse-drawn procession. The route was lined by thousands of cheering well-wishers and went via Slottsbacken, Skeppsbron, Slottskajen, Norrbro, Gustav Adolf's Square, Regeringsgatan, Hamngatan, Nybroplan, and Strandvägen across the bridge to the Vasa Museum on Djurgården where the King hosted a lunch.

hästanspänd kortege från Yttre borggården på slottet. Kortegevägen, som kantades av tusentals entusiastiska uppvaktande, gick Slottsbacken, Skeppsbron, Slottskajen, Norrbro, Gustav Adolfs torg, Regeringsgatan, Hamngatan, Nybroplan, Strandvägen och via Djurgårdsbron till Vasamuseet där kungen gav lunch.

Kung Carl Gustaf var påtagligt glad och rörd över den väldiga uppslutningen vid slottet där bl a tvåtusen körsångare hyllade med sång på Lejonbacken. Han tackade för alla gratulationer och varma uppvaktningar genom att vinka till de tusentals människor som slutit upp på Norrbro. Glada var också kronprinsessan Victoria och systern, prinsessan Madeleine.

King Carl Gustaf was clearly pleased and touched by the enormous gathering at the palace, where a choral tribute was paid by two thousand singers at Lejonbacken. He expressed his thanks for all the congratulations and tributes by waving to the thousands who had gathered on Norrbro. Crown Princess Victoria and her sister Madeleine were also very happy.

Ett myller av kungligheter och statsmän gästade Stockholm. Från Danmark kom drottning Margrethe och prins Henrik.
Nedan: Exkung Konstantin och drottning Anna-Maria med sonen kronprins Pavlos och hans vackra maka prinsessan Marie-Chantal.

Nedan: Finlands främste gäst på födelsedagen var president Martti Ahtisaari med fru Eeva.

Spanien representerades av drottning Sophia, prins Felipe, prinsessan Christina samt prinsessan Elena med make Jaime de Marichalar.

Från England kom prins Philip, th.

Mer än sexhundra gäster hade inviterats till kung Carl Gustafs galabankett på Stockholms slott. De förnämsta gästerna var placerade i Rikssalen och de övriga i Festvåningen. Århundradets fest har banketten kallats och de lyckliga som fått äran att vara med, glömmer säkert aldrig valborgsmässoaftonen 1996.

More than six hundred guests were invited to King Carl Gustaf's gala banquet at the Royal Palace. The more prominent guests were seated in the Throne Room and others in adjoining reception rooms. The banquet has been called the party of the century, and the delighted guests who received the royal summons to attend it will certainly never forget Walpurgis night 1996.

Drottning Silvia, som under banketten satt mellan storhertig Jean av Luxemburg och kung Albert av Belgien, höll ett kärleksfyllt tal till sin make och läste en dikt som uppmanade honom att inte räkna åren, bara vännerna.

Kronprinsessan Victoria var strålande vacker denna kväll och uppvaktades flitigt av gästande prinsar, bl a Hollands Willem-Alexander.

Queen Silvia, who was seated between Grand Duke Jean of Luxemburg and King Albert of Belgium, made a loving speech to her husband and recited a verse which urged him to count only his friends, not the years.

Crown Princess Victoria was radiantly beautiful on this occasion and was surrounded by visiting princes, among them Willem-Alexander of Holland.

Efter galabanketten bjöds det upp till dans. Kung Carl Gustaf svävade ut med sin bordsdam drottning Margrethe och de hade mycket roligt tillsammans. Samtidigt sågs drottning Silvia på dansgolvet med storhertig Jean av Luxemburg.

The gala banquet was followed by a ball. King Carl Gustaf took the lead with Queen Margrethe and they enjoyed themselves immensely. Queen Silvia and Grand Duke Jean of Luxemburg took floor at the same time.

Victorias sluss

Bland de representationsuppdrag som kronprinsessan Victoria debuterade med hösten 1995 var ett besök i Fagersta med anledning av Strömholms kanals 200-årsjubileum. Till minne av besöket finns nu i Västanfors *Victorias sluss* som hon själv invigde. Kanaldrottningen Åsa Åberg står beredd med kransen som fick symbolisera öppnandet. Efter fanfar framförde en teatergrupp "Gustav III döper slussen".

One of the first of Crown Princess Victoria's official duties in the autumn of 1995 was to visit Fagersta on the occasion of the 200th anniversary of Strömholm's Canal. To commemorate this visit, Västanfors now has the Victoria Lock which she herself opened. Queen of the Canal Åsa Åberg is standing by with the wreath which symbolizes the inauguration. Following a fanfare a group of actors performed "Gustav III Baptizes the Lock".

Kronprinsessan Victoria

VÄSTANFORS SLUSS

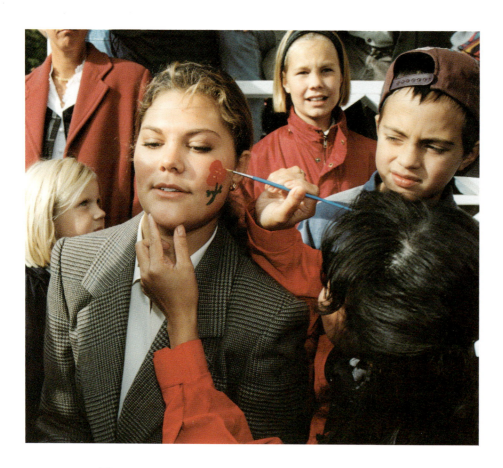

En modern tronföljare får vara beredd på det mesta. Som här på barnens kanalfest i Västanfors där konstnären Imelda Sjöström passade på att pryda den kungliga kinden med en vacker blomma. Victoria prövade också sina talanger som festdeltagare och undersökte vad det fanns för gott i utflyktskorgar och väskor.

A modern successor to the throne must be prepared for practically any eventuality, as here during the children's canal party in Västanfors when the artist Imelda Sjöström took the opportunity of adorning the royal cheek with a beautiful flower. Victoria also tried her hand as a festival guest and checked the goodies in the picnic baskets and hampers.

Nobelfestligheterna 1995

går till historien som det tillfälle när kronprinsessan Victoria debuterade i detta sammanhang. Hon klarade sig med den äran, en sak som TV-tittare runt om i världen kunde notera eftersom nyhetskanalen CNN sände inte mindre än tre timmar från galan i Stockholm.

The Nobel Prize celebrations of 1995 will go down in history as the first time that Crown Princess Victoria took part in them. She acquitted herself well, a fact which television viewers the word over could see for themselves as the CNN news service broadcast for three hours from the gala in Stockholm.

As always, Queen Silvia was dazzlingly beautiful at the Nobel gala with her glittering jewels from the Bernadotte collection. Victoria enjoyed herself royally during the course of the dinner with physics laureate Martin L. Perl. Expressive gestures are her speciality.

Drottning Silvia var som vanligt bländande vacker på Nobelgalan med sina gnistrande juveler från den Bernadotteska smyckesamlingen. Victoria roade sig kungligt under middagen tillsammans med fysikpristagaren Martin L. Perl. Talande gester är hennes specialitet.

Vintersemester i Storlien

Det obligatoriska vinterbesöket i Storlien blev exotiskt – en ren fick vara med vid pressens dokumentationstillfälle. Kronprinsessan Victoria tyckte inte att det var alltför märkvärdigt och visade god hand med gästen från fjället.

The time-honoured winter visit to Storlien had an exotic element this year – a reindeer appeared at the press get-together. Crown Princess Victoria found nothing untoward in this and demonstrated her adeptness at handling the guest from the mountain.

Stämningen var verkligen på topp vid den kungliga stugan i Storlien. Här kan kungligheterna och deras gäster umgås otvunget, skyddade från insyn. Att vintersemestra i de jämtländska fjällen har blivit något av ett måste för kung Carl Gustaf, drottning Silvia och deras barn.

The holiday spirit was at its peak at the royal lodge in Storlien, where royalty and their guests can relax together in seclusion. A winter holiday in the Jämtland mountains is very much a tradition for King Carl Gustaf, Queen Silvia and their children.

Bröllopsyra i Danmark

Så fick Danmark i november 1995 äntligen en kunglig kärlekssaga som slutade med bröllop! Drottning Margrethes och prins Henriks yngste son, prins Joachim, lovade att älska den undersköna Alexandra Manley från Hong Kong i nöd och lust och hela Danmark jublade av royalistisk lycka. Ovan ses brudparet med sina föräldrar och drottning Ingrid och på bilden tv deltar kronprinsessan Victoria i bröllopsyran. Th träder prins Joachim och prinsessan Alexandra ut ur kyrkan i Hilleröd efter vigseln och beseglar sin kärlek med en kyss.

In November 1995 Denmark finally got a royal romance which ended in a wedding! Queen Margrethe's and Prince Henrik's youngest son, Prince Joachim, vowed to love breathtakingly beautiful Alexandra Manley from Hong Kong for better or for worse and the whole of royalist Denmark cheered with joy. The picture above shows the wedding couple with their parents and Queen Ingrid, and in the picture to the left Crown Princess Victoria joins in the wedding festivities. To the right, Prince Joachim and Princess Alexandra leave the church in Hilleröd after the wedding ceremony and seal their love with a kiss.

Silviahemmet

Bland drottning Silvias mest angelägna och kärkomna uppdrag under året var att inviga Silviahemmet nära Drottningholms slott. På detta kombinerade undervisnings- och vårdhem utbildas elever som skall uppnå handledarkompetens och erfarenhet av att vårda människor som drabbas av demenssjukdomar. Den teoretiska utbildningen varvas med praktisk-klinisk utbildning i samarbete med Sällskapet Vänner till Pauvres Honteux.

One of this year's engagements nearest to Queen Silvia's heart was the opening of the Silvia Nursing Home close to Drottningholm Palace. At this combined teaching and care facility pupils can be trained as instructors and learn how to care for people affected by dementia-related illnesses. Theoretical instruction is combined with practical clinical training in collaboration with The Society of Friends of Distressed Gentlefolk.

Mot våldet

Kung Carl Gustaf och drottning Silvia har länge engagerat sig i kampen mot det tilltagande våldet i samhället. Nu går kronprinsessan Victoria i deras fotspår. I slutet av 1995 avtäckte hon konstnären Carl Fredrik Reuterswärds antivåldssymbol, revolvern med knut på pipan, i Sergelarkaden i Stockholms city. Här ses hon tillsammans med konstnären vid ceremonien.

King Carl Gustaf and Queen Silvia have for years been engaged in the campaign against growing violence in the community, and Crown Princess Victoria is now following their lead. At the end of 1995 she unveiled Carl Fredrik Reuterswärd's sculpture, a revolver with a knotted barrel, symbolising anti-violence in Sergelarkaden in downtown Stockholm. She is seen here with the artist at the unveiling ceremony.

Carl Fredrik Reuterswärds världskända antivåldssymbol har fått sin plats i Stockholms hjärta för att mana till motstånd mot det våld som fräter på samhället och plågar en hel ungdomsgeneration.

– Vi får inte glömma Stureplan, inte heller Falun och Kode, sa Roger Ticoalu, ordförande för Stiftelsen Non-Violence, vid avtäckningsceremonien. Han hyllade alla som anstränger sig för att stoppa våldet bland de unga och samtidigt försöker skapa nya attityder, bättre förebilder och ideal.

Med vid ceremonien fanns Marie-Louise och Tony Hron, vars 14-årige son John plågades till döds av två skinnskallar. Av Non-Violence fick Johns föräldrar 40 000 kronor till en minnesfond.

– Jag tänker kämpa mot våldet så länge jag lever, sa en djupt rörd Marie-Louise Hron i sitt tacktal.

Bland de närvarande sågs justitieminister Laila Freivalds som samtalade med kronprinsessan Victoria.

Carl Fredrik Reuterswärd's world renowned anti-violence symbol was placed in the heart of Stockholm to alert everybody to the violence which is eroding the community and plaguing an entire generation of Swedish youth. At the unveiling ceremony, Roger Ticoalu, Chairman of the Non-Violence Foundation, said:

– We must not forget the terrible crimes committed at Stureplan, Falun and Kode.

He also paid tribute to all those who are endeavouring to put a stop to violence among young people and who are at the same time trying to bring about fresh attitudes, better role models and ideals.

The unveiling ceremony was attended by Marie-Louise and Tony Hron, whose 14 year-old son John was brutally tormented and beaten to death by two skinheads. His parents received 40 000 Crowns from the Non-Violence Foundation towards a memorial fund. Marie-Louise Hron was deeply moved and said in her speech of thanks:

– I intend to fight violence as long as I live.

Laila Freivalds, the Minister of Justice, was present at the ceremony and was seen chatting with Crown Princess Victoria.

Varmt och fuktigt statsbesök i Malaysia

Kung Carl Gustaf och drottning Silvia var på statsbesök i Malaysia 12–15 mars. Med på resan var representanter för näringslivet och prins Carl Philip, som var ledig från sin amerikanska skola. Detta var första gången som något av kungabarnen har deltagit i ett statsbesök i främmande land, om man undantar besöket hos påven i Vatikanen 1991 då alla tre barnen var med.

De svenska gästerna anlände till huvudstaden Kuala Lumpur via Singapore där man förberett sig för mötet med Malaysia. De möttes på flygplatsen av premiärminister och fru Mahathir bin Mohamad och sedan inspekterade kung Carl Gustaf ett hederskompani i den dallrande hettan. Själv fick kungen skydd av ett parasoll.

Senare på ankomstdagen bjöd Malaysias kungapar Abdul Rahman med titeln Yang de-Pertuang Agong och Raja Permaisuri Agong på statsbankett. Där fick prins Carl Philip, som tilldelats en Mercedes med specialskylt, utveckla sina talanger som konversatör tillsammans med ministern för industri och internationella affärer Datuk Seri Rafidah Aziz.

King Carl Gustaf and Queen Silvia paid a state visit to Malaysia 12–15 March. They were accompanied by representatives of trade and industry and Prince Carl Philip, who was on holiday from his school in America. With the exception of the audience with the Pope in the Vatican in 1991, at which all three royal children were present, this was the first time that any of the royal children had taken part in a state visit.

The Swedish guests arrived in the capital Kuala Lumpur via Singapore, where they had prepared themselves for the meeting with Malaysia. They were met at the airport by Prime Minister and Mrs. Mahathir bin Mohamad, and King Carl Gustaf inspected the guard of honour in the sweltering heat, albeit in the shade of an umbrella.

Later on the day of arrival there was a state banquet in honour of the guests given by Malaysia's royal couple Abdul Rahman, who bears the title Yang de-Pertuan Agong, and Raja Permaisuri Agong. Prince Carl Philip was presented with a Mercedes car with a special number plate, and was able to develop his talent as a conversationalist with Datuk Seri Rafidah Aziz, Minister for Industry and Foreign Affairs.

Besöket i Malaysia varade sammanlagt fem dagar och en av höjdpunkterna var de spännande dygnen i Malaysias fuktiga och heta regnskog, världens fjärde största regnskogsland med ett djur- och fågelliv som verkligen attraherade de naturintresserade svenska besökarna.

The visit to Malaysia lasted for five days, and one of the highlights was an exciting day in the hot and humid rain forest, the world's fourth largest rain forest region whose wildlife clearly fascinated the nature-loving Swedish visitors.

Kung Carl Gustaf, drottning Silvia och sonen Carl Philip var väl rustade för promenaderna i regnskogen, med bl a speciella skydd runt benen som kunde stoppa blodiglar och insekter. Specialguide under besöket i regnskogen var den svenske naturfotografen Mattias Klum. Han har flugit luftballong och byggt fotograferingsplattformar fyrtio till sextio meter upp i trädkronorna, för att under arton månader dokumentera det vilda livet med sina kameror. Den kungliga truppen spanade särskilt efter orangutanger och elefanter. I naturreservatet Danum Valley på norra Borneo pågår sedan 1986 ett naturprojekt för att bereda en fristad för utrotningshotade djur. Genom besöket i regnskogen hoppas kung Carl Gustaf, att på ett diplomatiskt sätt markera hur viktigt det är att värna om den fauna och flora, som hotas av de accelererande trädavverkningarna i regnskogen.

King Carl Gustaf, Queen Silvia and their son Carl Philip were well equipped for their walks in the rain forest, and wore special leggings to protect them against leeches and insect bites. Their special guide in the rain forest was the Swedish photographer Mattias Klum. During his 18 month-long visit he has flown across the region in a balloon and built tree-top hides and platforms forty to sixty metres high from which to make a photographic record of the forest's wildlife. The royal group were especially interested in sighting orang-utans and elephants. Since 1986 a nature project has been in progress in Danum Valley nature reserve in northern Borneo aimed at creating a reserve for endangered animals. King Carl Gustaf hopes that his visit will be regarded as a discreet way of saying how important it is to protect the animals and plants threatened by the increasingly extensive felling of the rain forest.

Under statsbesöket i Malaysia hann kungaparet och prins Carl Philip uppleva många intressanta och fängslande programpunkter. Utanför Yaysan Sabah Foundation i Kota Kinabalu möttes de av en färgstark mottagningskommitté.

Drottning Silvia planterade träd, mötte kvinnogrupper och lät sig väl smaka av en kokosmjölkdrink som serverades i stora nötter.

The royal couple and Prince Carl Philip enjoyed many interesting and fascinating events during the state visit to Malaysia. They were welcomed by a colourful reception committee outside the Yaysan Abah Foundation in Kota Kinabalu.

Queen Silvia planted trees, met representatives of women's organisations and enjoyed a drink of coconut milk served in large nutshells.

Sjung om studentens lyckliga dar!

Årets i särklass mest uppmärksammade student blev naturligtvis kronprinsessan Victoria. Hon och klasskamraterna i Enskilda Gymnasiets NS3 i Stockholm rusade ut till väntande familjer under vilda tjut. Det var trängsel och glädje i Tegnérlunden och skrålande sång om studentens lyckliga dar. Av stolta pappa Carl Gustaf fick hon en jättekram.

This year's most publicized school graduate was of course Crown Princess Victoria. Together with her schoolfellows at Enskilda High School in Stockholm she rushed out whooping and yelling to the waiting families. There was a happy and high spirited crush in Tegnérlunden as the graduates aired their feelings in song. Victoria was given a bear hug by her proud father.

Victoria släppte alla hämningar när det hela var över och firade sin studentexamen tillsammans med glada kamrater. Med i vimlet i Tegnérlunden var naturligtvis också mamma Silvia och prinsessan Lilian och övrig släkt som gratulerade. Plakatbilden, fotograf pappa Carl Gustaf, är tagen när Victoria som femåring njöt av en glasstrut på Mauritius.

Victoria let go completely when it was all over and celebrated her school graduation examination (GCE) with some equally delirious schoolmates. Needless to say, her mother Silvia and Princess Lilian and other relatives were in the crowd in Tegnérlunden to congratulate her. The picture on the placard was taken by her father Carl Gustaf and shows her as a five year-old enjoying an ice cream cornet on Mauritius.

Sista skoldagen på Enskilda Gymnasiet blev Victoria hämtad av pappa Carl Gustaf i hans körsbärsröda Pontiac GTO 1966, inköpt förra året. Sedan följde en glad färd från skolan längs Sveavägen till Sergels torg. Där gjorde den kungliga chauffören för säkerhets skull ett extra varv runt fontänen, innan färden fortsatte till slottet och den privata mottagning som ordnats där.

Syster Madeleine deltog också med liv och lust i festligheterna. Nu är det inte så många år innan hon får åka i pappas fina Pontiac som student...

On her last day at Enskilda High School Victoria was fetched by her father in his cherry-red Pontiac GTO 1966, which he bought last year. Then there was a lighthearted trip from the shool along Sveavägen to Sergels torg, where the royal driver took an extra turn around the fountain just to be on the safe side, before going on to the palace and a private reception.

Sister Madeleine threw herself heart and soul into the festivites. In just a few years' time it will be her turn to ride in her father's stylish Pontiac as a school graduate...

Studentfesten

hade Victoria ordnat tillsammans med klasskamraten Caroline Svedin på Ulriksdals slott. Sammanlagt 122 kamrater och ett tjugotal vuxna hade inviterats till ett härligt studenthållígång. Flest pussar denna minnesvärda kväll fick Victoria av uppvaktande studentkamrater.

Den glada festen började med båtfärd från Gustav III:s staty vid Stockholms slott och vidare till Ulriksdal där man skålade i champagne efter ankomsten. Efter middag med många roliga tal blev det diskodans till långt in på natten.

Victoria and her classmate Caroline Svedin had arranged a graduation party at Ulriksdal Palace. No fewer than 122 schoolfellows and seventy-odd adults were invited to what turned out to be a rip-roaring non-stop party. Nobody was kissed more than Victoria on this happy occasion.

Victoria's graduation party began with a boat trip from Gustav III's statue at Stockholm Palace and proceeded to Ulriksdal, where the guests toasted each other with champagne on arrival. Following dinner and many amusing speeches there was disco dancing until the small hours.

Victorias studentfest blev en hejdundrande tillställning med blommor och presenter och en mängd av glada kamrater. Mest av alla sken kronprinsessan efter sina väl genomförda skolår. Till hösten väntar Frankrike och fortsatta studier där i förfädernas modersmål.

Victoria's graduation party was a roaring success with flowers and presents and a crowd of happy schoolfellows. But what delighted Victoria most was the satisfaction she felt at the way in which she had pursued her studies over the years. In the autumn she will go to France and further studies in her ancestors' tongue.

1996 innehöll nationaldagsfirandet ett jubileum. Det är åttio år sedan Svenska Flaggans dag – den 6 juni – firades för första gången, den dag som 1983 fick status som nationaldag.

På bilden ses kungliga familjen, regeringens och riksdagens representanter och diplomatiska kåren vid den traditionella högtidligheten på Skansen i Stockholm. Till vänster i bilden talman Birgitta Dahl som hälsade välkommen till årets firande. Statsminister Göran Persson höll högtidstalet och kung Carl Gustaf delade ut fanor och utbringade ett leve för fosterlandet.

1996 was a jubilee year as regards National Day celebrations as it is 80 years since Swedish Flag Day was first celebrated. In 1983 the 6th of June gained status as Sweden's National Day.

The picture shows the royal family, representatives of Parliament and the Government and the diplomatic corps at the traditional ceremony at Skansen in Stockholm. On the left of the picture Speaker Birgitta Dahl, who gave a speech of welcome. The key speaker was Prime Minister Göran Persson, and King Carl Gustaf presented banners to representatives of a number of popular organisations. The King then proposed a cheer for Sweden.

**I samband med kungens femtionde
födelsedag i april 1996 överlämnade denna
boks författare Bobby Andström och
fotograf Erhan Güner sin bok
KUNG CARL XVI GUSTAF 50 ÅR
vid en audiens på Stockholms slott.**

In conjunction with the King's 50th birthday in April
the author, Bobby Andström, and the photographer,
Erhan Güner, presented a copy of their book
KING CARL XVI GUSTAF 50 YEARS
in an audience at Stockholm Palace.

©

BOBBY ANDSTRÖM AND
BOKFÖRLAGET NATUR OCH KULTUR
STOCKHOLM 1996
PHOTOS BY ERHAN GÜNER
ENGLISH TRANSLATION BY
WILLIAM PLUMRIDGE
PRODUCED BY
ANDERS RAHM BOKPRODUKTION
STOCKHOLM
PRINTED AND BOUND BY
PROOST INTERNATIONAL BOOK PRODUCTION
TURNHOUT, BELGIUM 1996
ISBN 91-27-05779-8